DE LA

LIBERTÉ DE TESTER

ET DE

DISPOSER A TITRE GRATUIT

*Dans l'ancien droit, le droit intermédiaire
et le Code civil.*

PAR

OCTAVE LARCHER

Professeur à la Faculté de droit de l'Institut catholique de Paris.

PARIS

BLOUD ET BARRAL, LIBRAIRES-ÉDITEURS

4, RUE MADAME ET RUE DE RENNES, 59.

—

1897

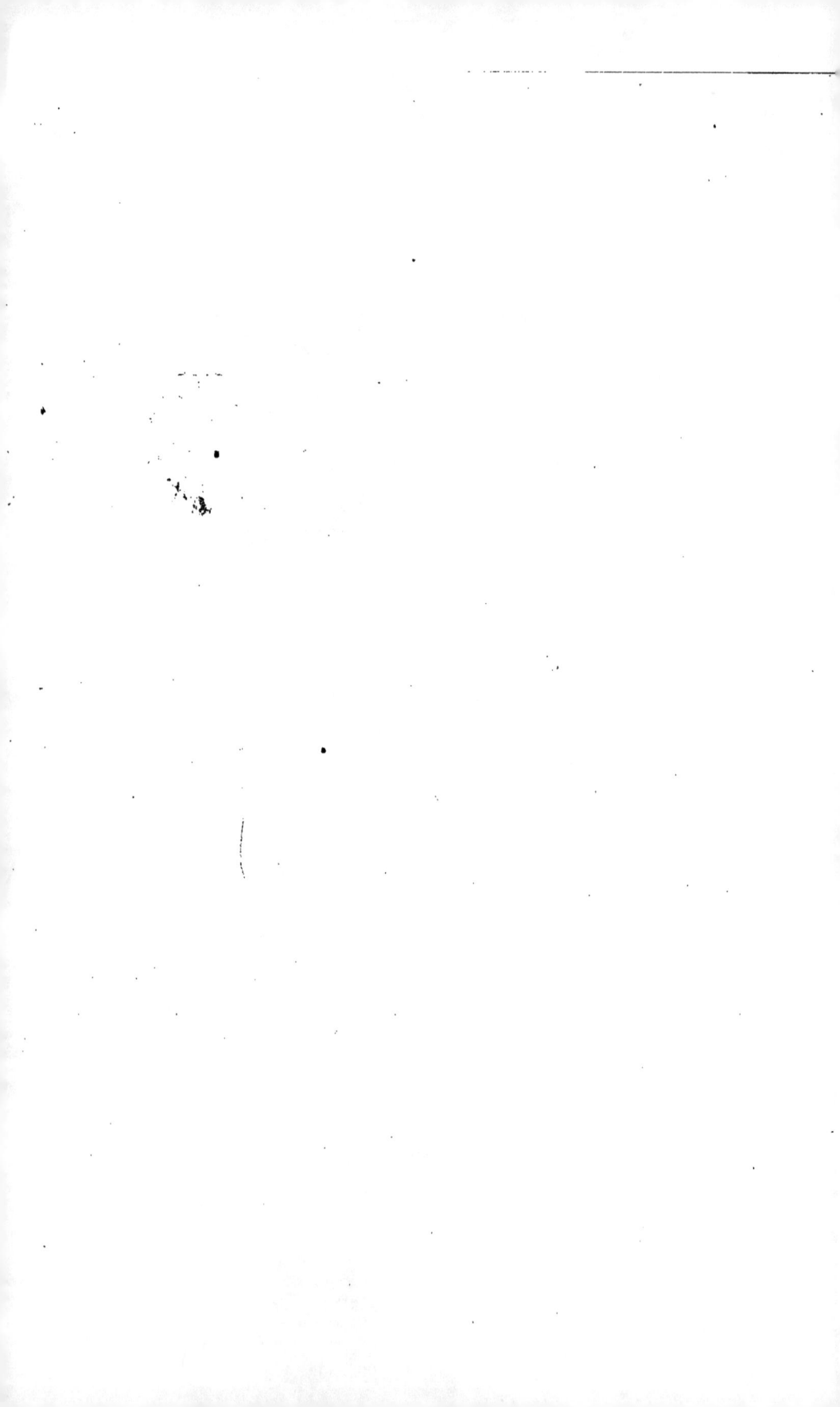

DE LA

LIBERTÉ DE TESTER

ET DE

DISPOSER A TITRE GRATUIT

*Dans l'ancien droit, le droit intermédiaire
et le Code civil.*

PAR

OCTAVE LARCHER

Professeur à la Faculté de droit de l'Institut catholique de Paris.

PARIS

BLOUD ET BARRAL, LIBRAIRES-ÉDITEURS

4, RUE MADAME ET RUE DE RENNES, 59.

—

1897

AVANT-PROPOS

Au cours d'un ouvrage, actuellement sous presse, et dans lequel nous nous sommes proposé d'étudier le Droit Français dans *ses origines* et *ses règles fondamentales*, nous avons eu à rechercher ce qu'était dans l'ancien droit, tant sous l'empire de nos coutumes que dans les pays de droit écrit, la liberté de tester et de disposer à titre gratuit, ce que les lois révolutionnaires et après elles le Code civil ont fait de cette liberté. L'intérêt qui s'attache à cette question, l'une de celles qui ont été le plus agitées de nos jours, nous a déterminé à donner, avant l'apparition de l'ouvrage, les pages que nous lui avons consacrées, à la *Revue de l'Institut catholique de Paris* du 5 juin dernier.

Parmi les arguments d'ordres divers, et dans l'examen desquels nous n'avons pas à entrer, qui ont été invoqués en faveur de la liberté de tester, il en est un, en effet, et non des moins considérables, qui consiste à dire que si la société actuelle se trouve à certains égards, vis-à-vis de celle qui l'a précédée, dans un état d'infériorité manifeste, c'est la conséquence des atteintes que la Révolution et après elle le Code civil ont portées à cette liberté. Que penser de cette affirmation ? Dans quelle mesure les lois de la Révolution et le Code civil ont-ils, en effet, supprimé ou réduit la liberté de tester et de disposer à titre gratuit ? Tel est l'objet de cette étude.

9 Juin 1897

DE LA LIBERTÉ DE TESTER

ET

DE DISPOSER A TITRE GRATUIT

Dans l'ancien droit, le droit intermédiaire
et le Code civil

———

Celui qui laisse en mourant des descendants ou des
ascendants ne peut pas, chacun le sait, sous l'empire de
notre Code civil, disposer de ses biens à titre gratuit, soit
par donation entre vifs, soit par testament, avec une
liberté entière. Il y a dans son patrimoine une portion que
la loi réserve à ses descendants ou ascendants et qui con-
stitue ce que l'on appelle la *réserve*.

L'origine de la réserve est ancienne. Cette institution,
malgré son antiquité, compte cependant aujourd'hui de
nombreux adversaires. Elle a été de nos jours vivement
attaquée, on a contesté sa légitimité, on en a demandé la
suppression complète, et la liberté absolue de tester a été
réclamée. A ceux qui présentent la réserve comme la sanc-
tion de l'obligation dont les père et mère sont tenus
vis-à-vis de leurs enfants, et qui a pour objet de pourvoir
à l'avenir de ceux-ci, on a répondu que les enfants n'ont
aucun droit sur les biens de leurs parents, qu'ils peuvent
seulement prétendre à être mis par ceux-ci en état de

gagner leur vie, que les parents ne sont aucunement tenus de laisser à leurs enfants une condition égale ou semblable à la leur.

En vain, pour soutenir la réserve, invoque-t-on cette considération que les enfants ayant tous des droits égaux à l'affection de leurs parents, doivent aussi avoir une part égale dans leur succession ; que, quoi qu'on fasse, et quels que soient d'ailleurs les torts de l'un ou de l'autre, le père et le fils ne sauraient devenir étrangers l'un à l'autre. Ce serait, répondent les partisans de la liberté absolue de tester, se méprendre étrangement sur les sentiments que la nature a mis au cœur des pères que de supposer un seul instant les parents capables d'oublier ce qu'ils doivent à tous leurs enfants, pour avantager l'un d'eux au détriment des autres. Ils n'useront jamais de la liberté qui leur sera donnée que pour tester suivant la loi de l'égalité la plus parfaite, au mieux des intérêts de tous leurs enfants, et en adoptant, dans l'attribution et la répartition de leurs biens, les combinaisons que réclament les exigences de l'industrie et du progrès agricole.

Enfin, on reproche surtout à la réserve d'être, chez nous, la principale cause d'affaiblissement de l'autorité paternelle, comme si, au témoignage de de Tocqueville lui-même [1], cette autorité n'était pas encore plus altérée aux États-Unis d'Amérique, le seul pays pourtant qui, avec l'Angleterre, ait admis la liberté absolue de tester. Mais mon intention n'est pas d'exposer, avec tous les développements qu'elles comportent, les raisons qui sont invoquées de part et d'autre par les partisans et les adversaires de la liberté de tester. Je ne veux pas davantage discuter, contester ces raisons, pour prendre ensuite parti dans la controverse. Le but que je me propose est plus modeste. Il s'agit simplement de rechercher ce qu'était dans notre ancien droit, ce qu'est

1. Influence de la démocratie sur la famille, liv. II, chap. VIII.

devenue pendant la période révolutionnaire, et depuis, sous l'empire du Code civil, la liberté des dispositions à titre gratuit, par donation ou testament. L'examen de cette question n'est pas, il me semble, sans intérêt pour la solution du litige qui s'agite au sujet de la liberté de tester. Ceux qui réclament cette liberté se sont plu, en effet, quelquefois, si je ne me trompe, à soutenir que la consacrer législativement au profit du père de famille, ce serait revenir à nos anciennes traditions, restaurer l'une des meilleures institutions du passé.

Nous espérons, au contraire, démontrer au lecteur qui voudra bien nous suivre jusqu'au bout de cette étude, en dépit des aridités d'un exposé, dans lequel on ne saurait, sans tomber dans la confusion et l'erreur, se départir des exigences rigoureuses de la langue et des procédés de la science juridique, que, contrairement à une opinion assez répandue, la liberté absolue de tester était étrangère à notre ancien droit, et que plusieurs institutions d'origine coutumière, ou empruntées au droit romain, limitaient et restreignaient étroitement l'exercice de cette liberté.

La quotité disponible de l'ancien droit était, à la vérité, plus ou moins élevée qu'elle ne l'est aujourd'hui, suivant qu'il s'agissait des biens que le défunt avait acquis par son travail et son industrie, ou de ceux qu'il tenait de sa famille et que celle-ci lui avait transmis par succession. Mais, en ce qui concerne les biens de cette dernière catégorie, on ne pouvait en disposer par testament que jusqu'à concurrence d'un cinquième, et d'autre part, un ascendant ne pouvait, en aucun cas, user de la quotité disponible pour avantager au détriment des autres, l'un des enfants venant à sa succession.

Telles étaient les dispositions que consacraient nos anciennes coutumes. Œuvre du temps et d'une longue expérience, ces coutumes se sont constituées et dévelop-pées sous des influences diverses. Elles reflètent visible-

ment le milieu social qui les a vues naître, croître et gran-
dir. Le christianisme, autrefois si puissant chez nous, les
a. nécessairement marquées de son empreinte, et cette
empreinte apparaît nettement à tous ceux qui les étudient
de près. Mais, nous l'avons dit, ce serait singulière-
ment s'abuser que de penser qu'elles autorisaient, ou
même qu'elles se montraient favorables à la liberté de tester. Si donc, de l'aveu de tous, l'autorité paternelle était
autrefois plus forte, plus respectée qu'elle ne l'est aujour-
d'hui, ce n'est pas à la législation alors en vigueur et aux
droits, dont elle aurait armé le père de famille vis-à-vis
de ses enfants, qu'il convient d'attribuer cet heureux effet.
La cause en est ailleurs. Elle se trouve dans l'action et
l'influence souveraines que le christianisme exerçait alors
sur les mœurs.

Cette question de la liberté de tester qui préoccupe
aujourd'hui un si grand nombre d'excellents esprits est,
d'ailleurs, une de celles qui se sont de tout temps imposées
à l'humanité. On l'agitait déjà du temps de Platon. Ce
philosophe, dans son traité des lois, met, en effet, en scène
un homme qui, sur son lit de mort, réclame la faculté de
faire un testament. « O Dieu, s'écrie-t-il, n'est-il pas bien
dur que je ne puisse disposer de mon bien comme je l'en-
tends, et en faveur de qui me plaît, laissant plus à celui-
ci, moins à celui-là, suivant l'attachement qu'ils m'ont fait
voir. » On lui répond : « Toi qui ne peux te promettre plus
d'un jour, toi qui ne fais que passer ici-bas, est-ce bien à toi
de décider de telles affaires ? Tu n'es le maître ni de tes biens,
ni de toi-même ; toi et tes biens, tout cela appartient à ta famille, c'est-à-dire à tes ancêtres et à la postérité. » (Lois, XI.)
Nous ne saurions donc éprouver que la plus respectueuse
et sympathique admiration pour ces hommes généreux qui,
sondant nos plaies sociales dans toute leur profondeur, en
cherchent hardiment le remède et espèrent le trouver dans
la restauration de l'autorité paternelle par la liberté de tes-

ter et le rétablissement de la famille sur ses véritables bases.

Mais il ne suffit pas de bien connaître une maladie et ses causes, d'en décrire exactement tous les symptômes. Ce qui importe surtout, c'est de ne pas s'égarer dans la recherche et l'application du remède seul capable de la guérir. Or, s'il nous faut dire ici toute notre pensée, ce n'est pas dans tel ou tel changement à apporter à une législation qu'il serait peu raisonnable d'ailleurs de considérer comme parfaite et définitive, qu'on peut espérer trouver le meilleur moyen de ramener notre pays à ses anciennes traditions et de mettre ainsi fin aux maux qu'a si éloquemment décrits l'auteur de la *Réforme sociale*. Ce moyen, le seul qui soit infailliblement efficace, est aussi vieux que le christianisme lui-même, il consiste dans la pratique intégrale des préceptes et des vertus que son divin fondateur a apportés au monde. Au fond, M. Le Play lui-même, cette âme loyale et droite que Dieu avait faite naturellement chrétienne, ne pensait pas autrement. La fin de sa vie l'a pleinement démontré, et ce qui perpétuera sa mémoire et son nom, c'est, croyons-nous, cette démonstration qu'il a établie, par une méthode rigoureuse et en s'appuyant exclusivement sur les données de l'expérience, que les peuples véritablement supérieurs ont tous dû leur supériorité à la pratique de cette loi divine qui se retrouve à la base même du christianisme et dont celui-ci n'est et ne pouvait être que le couronnement et l'achèvement.

Cette conviction, qui est la nôtre, nous voudrions la communiquer au lecteur en lui démontrant qu'on ne saurait attribuer à une liberté imaginaire, qui aurait existé autrefois et dont nous serions aujourd'hui privés, la supériorité morale, que chacun proclame, de l'ancienne société française, prise en masse, sur la société actuelle. Mais, avant d'aborder l'étude des institutions et des règles qui, en limitant dans les coutumes la liberté des dispositions à titre gratuit, assuraient ainsi indirectement l'application du principe de l'égalité, entre ceux qui venaient à une même succession, exposons d'abord les règles relatives à l'égalité entre enfants, telles que les avait formulées notre ancien droit.

I

DE L'ÉGALITÉ ENTRE ENFANTS DANS L'ANCIEN DROIT

Du principe de l'égalité entre enfants.

Deux privilèges, le privilège d'aînesse et le privilège de masculinité, dérogeaient, on le sait, autrefois, au principe de l'égalité entre enfants venant à la succession de leur ascendant. Mais, malgré ces deux privilèges dont nous déterminerons bientôt l'étendue et la portée, l'égalité entre enfants était déjà, dans notre ancien droit coutumier, le principe dominant, en ce qui concernait le partage de la succession. Cette égalité était même si rigoureuse que l'ascendant, en principe, ne pouvait aucunement la modifier. « Les enfans héritiers d'un défunct, disait l'article 302 de la Coutume de Paris, viennent également à la succession d'iceluy défunct ». « Père et mère, ajoutait l'article suivant, ne peuvent par donation faite entre vifs, par testament et ordonnance de dernière volonté ou autrement en manière quelconque, avantager leurs enfants venants à leurs successions, l'un plus que l'autre. » Voici, du reste, en quels termes Loisel, dans ses Institutes coutumières, formulait le droit commun de la France. « En succession directe, disait-il, on ne peut être héritier et légataire, aumônier et parçonnier [1]. » (Livre II, titre IV, règle XII.)

---

1. *Aumônier* c'est-à-dire donataire, *parçonnier* c'est-à-dire partageant.

La règle que formulait ainsi Loisel est très ancienne, car de Laurière rapporte en son Glossaire un ancien acte d'après lequel « Nul par la coutume de Paris et de France qui est toute générale, notoire et manifeste et approuvée de touzjours, ne peut aucun de ses hoirs en un degré faire l'un meilleur que l'autre, ne donner plus à l'un qu'à l'autre, soit entre les vifs, soit pour cause de mort ». Les origines de cette règle, comme celles de toute règle qui s'est formée par l'usage, sont très incertaines, et il y aurait peut-être témérité à la faire dériver de telle source plutôt que de telle autre. Mentionnons cependant l'explication qu'en donne Pothier. Cette disposition, dit-il, a pour seul fondement l'inclination de notre droit français à conserver l'égalité entre les héritiers comme moyen de conserver la paix et la concorde dans les familles et d'en exclure les jalousies auxquelles donneraient lieu les avantages que l'on ferait à l'un des héritiers par-dessus les autres. Il était d'autant plus important de maintenir cette égalité à l'égard d'hommes guerriers et féroces tels qu'étaient nos ancêtres, plus susceptibles que d'autres de jalousie, et toujours prêts à en venir aux mains et aux meurtres pour les moindres sujets[1].

On peut même affirmer, en faisant abstraction des privilèges d'aînesse et de masculinité, que *l'égalité entre enfants venant à la succession* était plus rigoureuse dans notre ancien droit coutumier, qu'elle ne l'est aujourd'hui. Suivant la plupart des coutumes, l'enfant avantagé par son père ne pouvait, en effet, conserver l'avantage qu'il avait reçu de celui-ci, qu'en renonçant à sa succession. Notre Code civil, au contraire, reconnaît au père le droit d'avantager, dans certaines limites et sous certaines conditions que nous aurons à déterminer plus tard, l'un de ses enfants, sans que ces avantages préjudicient d'ailleurs en rien aux droits successoraux de cet enfant.

1. Des successions, chap. IV, art. 3, § 2.

Exposons maintenant les deux privilèges qui faisaient autrefois exception au principe de l'égalité absolue entre enfants.

Du privilège d'aînesse.

Le privilège d'aînesse, étranger aux coutumes germaniques, s'est constitué à l'époque féodale. Les premiers Capétiens, à l'effet de soustraire le royaume à la loi du partage qui avait été pour la couronne, sous les deux dynasties antérieures, une cause sans cesse renaissante de faiblesse et d'impuissance, prirent l'habitude d'associer de leur vivant leur fils aîné à l'exercice de l'autorité royale. Le fils, ainsi associé à son père du vivant de celui-ci, restait après sa mort son unique héritier. Par cette habitude des associations, s'établit la coutume de l'hérédité, et, avec elle, le privilège d'aînesse, l'indivisibilité du royaume, sauf les apanages à constituer aux puînés, afin que ceux-ci fussent en état de soutenir la dignité de leur rang. Ce fut ainsi que les Capétiens, arrivés au trône par l'élection, parvinrent habilement à s'y maintenir, en établissant le principe de la transmission héréditaire et intégrale de la couronne [1].

Cet usage de la royauté fut imité par les grandes familles féodales. Dans chaque grand fief, en même temps que le fils aîné du haut seigneur local était associé au gouvernement, des apanages furent constitués aux puînés, et il passa ainsi en règle que le royaume et les fiefs de dignité, comme les duchés, comtés, marquisats, baronnies, ne devaient point se démembrer.

---

1. Il n'en fut pas de l'Empire d'Allemagne comme de la Royauté en France. Le principe de la transmission héréditaire de l'autorité impériale ne s'établit point, les empereurs continuèrent à être choisis par l'élection, et cette permanence du principe électif fut pour la couronne impériale, qu'elle maintenait dans la dépendance des grands vassaux de l'Empire, une cause incessante de faiblesse.

Les seigneurs inférieurs eux-mêmes se déterminèrent à adopter les mêmes procédés, et à soustraire ainsi leur fief à la nécessité du partage, afin que, dans une société hiérarchiquement organisée, comme l'était la société féodale, et dans laquelle chacun ne comptait que par le rang qu'il occupait, par lui ou par les siens, il y eût toujours dans leur famille, un membre capable de la représenter dignement, et de l'aider à soutenir son rang.

C'est donc à une idée et à un intérêt aristocratiques qu'il faut attribuer l'origine du droit d'aînesse. Ce droit dérive de l'organisation féodale, et de la nécessité dans laquelle chacun des membres du corps féodal se trouva placé de protéger contre tout partage et toute division le fief et les biens auxquels il devait sa force et son rang. « A l'origine, dit Loisel, les fiefs étaient tous indivisibles et baillés à l'aîné pour lui aider à supporter les frais de la guerre[1] ».

La décadence du régime féodal entraîna avec elle l'amoindrissement du droit d'aînesse dont les avantages furent progressivement diminués et restreints. Dans le dernier état de la Coutume de Paris, le droit de l'aîné ne consistait plus, en effet, que dans ce qu'on appelait *son préciput, et la part avantageuse.* Le préciput de l'aîné était le droit qui lui appartenait de prélever avant tout partage le maître manoir du défunt. Quant à la part avantageuse, elle consistait pour l'aîné dans la faculté de prendre à lui seul, pour sa part et portion dans la succession en dehors de son préciput, et suivant qu'il venait en concours avec un ou plusieurs frères, soit les deux tiers, soit seulement la moitié des héritages ou terres nobles du défunt.

Au reste, il n'y avait lieu au privilège d'aînesse que dans certaines successions et relativement à certains biens. Ce privilège ne s'exerçait notamment que dans les succes-

---

1. Institutes coutumières, liv. IV, titre III, règle XL.

sions nobles et relativement aux biens nobles seulement.
L'égalité absolue fut toujours la loi du partage des successions roturières.

En Bretagne même, on refusait aux anoblis le privilège
de laisser une succession noble, et les enfants d'un nouveau noble partageaient roturièrement entre eux, c'est-à-
dire, sans prérogative d'aînesse, pour la première fois au
moins. Un roturier, disait-on, ne peut avantager aucun de
ses enfants, et il ne faut pas qu'en se faisant anoblir, il
puisse faire fraude à la coutume. Seuls les nobles d'extrac-
tion pouvaient laisser une succession noble, et le droit
d'aînesse nous apparaît ainsi comme un privilège dont la
noblesse se montrait fort jalouse. Elle voyait en lui un
moyen nécessaire, indispensable, pour assurer la conservation des familles nobles, maintenir l'éclat et la splendeur
du nom.

Du privilège de masculinité.

Le privilège de masculinité a des origines plus loin-
taines que le privilège d'aînesse. Il se rattache, en effet,
aux usages et aux coutumes de la Germanie que les Francs
apportèrent dans notre pays Les femmes, d'après ces
coutumes, sont, en général, exclues des successions par
les mâles, qui leur sont préférés, mais à égalité de degrés
seulement. Il est cependant des biens pour lesquels l'exclusion des femmes est absolue, et qu'elles ne peuvent être
appelées à recueillir qu'à défaut de tout héritier mâle.
C'est ainsi que la loi salique ou la coutume des Francs
Saliens excluait la femme de la succession à la terre
salique. On n'est pas d'ailleurs fixé sur le sens que la
loi salique attribuait à ces expressions, terre salique, et
sur la nature et le caractère de cette terre.

Il est permis de conjecturer que si les mâles succèdent
ainsi, d'après les lois barbares, à l'exclusion des femmes,

c'est que sur eux repose le soin de défendre la famille. Le privilège de masculinité se rencontre du reste dans toutes les lois barbares. Les lois wisigothiques font seules exception. C'est que l'action de l'Église s'est fait plus profondément sentir dans la rédaction de ces lois que dans celle des autres lois barbares. Elles font de nombreux emprunts au droit canonique. De même, chez nous, dès les temps mérovingiens, on voit, sous l'influence de l'Église, des filles *rappelées* aux successions dont elles étaient exclues par le privilège de masculinité. Mais, malgré le progrès des mœurs et le développement continu des droits successoraux des femmes, celles-ci, en matière de succession, ne jouirent jamais en France des mêmes droits que les mâles, et il devait en être ainsi jusqu'à la Révolution. C'était surtout, au surplus, en ligne collatérale, que les droits successoraux des mâles étaient plus étendus que ceux des femmes.

En outre, dans la ligne directe descendante elle-même, il avait été admis par notre ancienne jurisprudence que les femmes pouvaient valablement, dans leur contrat de mariage, et moyennant la dot qu'elles recevaient, renoncer aux successions paternelle et maternelle qu'elles pouvaient être appelées à recueillir, soit en faveur de leurs frères, en général, soit spécialement en faveur de leur frère aîné. Ces renonciations avaient ainsi pour objet d'accroître la portion héréditaire des mâles, quelquefois même celle des aînés seulement. Elles tendaient, comme plusieurs autres institutions successorales de notre ancien droit, à assurer la conservation des familles, à maintenir l'éclat et la splendeur du nom. Aussi la renonciation qu'un mâle aurait faite au profit d'une fille ou celle qu'une fille aurait faite au profit d'une autre fille, n'auraient-elles pas été considérées comme valables.

On n'admettait pas, en droit romain, la validité des renonciations à une succession non encore ouverte. Il fal-

lait, en effet, d'après les jurisconsultes romains, pour
renoncer valablement à un droit, qu'on eût d'ores et déjà
la faculté d'acquérir ce droit. Autrement la renonciation
aurait été nulle et de nul effet, faute d'objet. On ne renonce
point à une faculté que l'on n'a pas encore, et, de même
que l'on ne peut acquérir une succession non encore
ouverte, on ne doit pas pouvoir davantage renoncer à cette
succession. Les lois romaines prohibaient en outre également les conventions sur successions futures, lorsque
ces conventions étaient faites en dehors et sans la participa-
tion du *de cujus*. Néanmoins, ces principes ne prévalurent
point autrefois chez nous, et notre ancienne jurisprudence,
malgré l'autorité considérable qu'elle accordait, en général,
au droit romain, reconnut, dans un intérêt aristocratique,
qu'un père pourrait valablement imposer à ses enfants,
dans leur contrat de mariage, et sous certaines conditions,
des renonciations anticipées à sa succession future.

Quelquefois aussi, mais beaucoup plus rarement,
c'étaient les mâles puînés, qui, dans leur contrat de mariage, renonçaient aux successions paternelle et maternelle au profit de leur frère aîné. Ces renonciations se
pratiquaient dans le même but que les renonciations des
filles, les seules dont nous ayons à nous occuper ici, et pour
que la splendeur du nom fût mieux soutenue.

Au reste, la renonciation aux successions paternelle et
maternelle, que consentait ainsi un enfant dans son
contrat de mariage, ne valait que si elle était faite moyennant une dot que le père et la mère assignaient à cet
enfant. Les coutumes variaient sur la quotité de cette dot.
Dans quelques-unes la moindre dot suffisait. Telles étaient
les coutumes d'Anjou et de Touraine. Dans d'autres, et
c'était le plus grand nombre, il fallait que la dot fût au
moins égale à la légitime, c'est-à-dire, en général, comme

nous le verrons, à la moitié de la part héréditaire. Enfin, dans les coutumes qui n'avaient aucune disposition à cet égard, on reconnaissait aux tribunaux le pouvoir d'annuler la renonciation, lorsque celle-ci avait servi à déguiser une exhérédation, c'est-à-dire une exclusion totale de la succession. Il fallait, en outre, que la fille renonçante reçût un avantage actuel et certain, en dédommagement des droits éventuels qu'elle abandonnait. On exigeait, en conséquence, que sa dot lui fût payée comptant, autrement sa renonciation n'aurait pas été maintenue. Enfin, l'enfant renonçant pouvait être rappelé à la succession par celui à la succession duquel il avait renoncé.

Il y avait d'ailleurs des coutumes plus rigoureuses encore, qui, comme celle de l'Anjou, art. 241, et celle de la Bretagne, art. 557, excluaient formellement et de plein droit, de la succession de leurs père et mère, les filles nobles mariées et apanagées, c'est-à-dire mariées à leur pareil en noblesse et maison. On refusait à ces filles la faculté de demander dans la succession paternelle, encore bien qu'elles n'eussent pas expressément renoncé à cette succession, plus grand partage que celui qui leur avait été fait pour leur mariage. Leur part accroissait à l'aîné. L'exclusion des filles dotées servait ainsi les mêmes intérêts aristocratiques que le privilège d'aînesse, et on peut dès lors assigner, en général, le même but aux différentes dérogations à la règle de l'égalité entre enfants qu'avait admises notre ancien droit.

Abolition du privilège d'aînesse et de masculinité.

L'Assemblée Constituante proclama le principe de l'égalité dans les partages de toute espèce de succession par le décret du 8 avril 1791. « Tous héritiers en égal degré, dit ce décret, succèdent par portions égales dans chaque souche, dans le cas où la représentation est admise. » Ainsi se trouvèrent effacées des coutumes les exclusions des filles et de leurs descendants.

La Convention compléta l'œuvre de la Constituante, en frappant d'interdiction les arrangements par lesquels les filles, dans les coutumes qui ne les excluaient pas de plein droit des successions de leurs père et mère, renonçaient expressément dans leur contrat de mariage à ces successions.

II

DES INSTITUTIONS ET DES RÈGLES QUI LIMITAIENT DANS LES COUTUMES LA LIBERTÉ DES DISPOSITIONS A TITRE GRATUIT

Plusieurs institutions limitaient, dans l'ancien droit, la faculté de disposer de ses biens à titre gratuit. Ces institutions étaient, d'une part, la *réserve coutumière*, la règle *donner et retenir ne vaut*, et, de l'autre, *la légitime*. La réserve coutumière et la légitime restreignaient notablement la quotité disponible, et encore ne pouvait-on pas user de cette quotité avec une pleine et entière liberté pour avantager l'un de ses successibles au détriment des autres.

Pour déterminer l'étendue de la liberté des dispositions à titre gratuit, dans l'ancien droit, nous aurons donc, après avoir successivement fait connaître la réserve coutumière et la légitime, à indiquer en outre dans quelle mesure seulement la quotité disponible pouvait être employée à avantager l'un des successibles, par suite de *l'incompatibilité des qualités d'héritier, de légataire et de donataire.*

I. *De la réserve coutumière.*

L'institution de la réserve coutumière reposait essentiellement sur une distinction importante qui domine, en droit coutumier, toute la matière des successions et qu'il nous faut préalablement exposer. Je veux parler de la division des biens en biens propres et en acquêts.

Nos coutumes distinguaient, en effet, dans le patrimoine du défunt, deux sortes de biens, pour en régler diversement la dévolution : les *propres* et les *acquêts*. Les *acquêts* étaient les biens que le défunt avait acquis par ses économies, son travail et son industrie ; les *propres* ceux qu'il avait reçus de sa famille par succession légitime, ou qui lui étaient advenus de ses parents en ligne directe par donation ou legs. Au reste, les biens immeubles pouvaient seuls présenter ainsi la nature et le caractère de propre ou d'acquêt. Les meubles, quelle que fût leur origine, et précisément à cause de la difficulté qu'il y avait le plus souvent à établir avec certitude cette origine, étaient assimilés dans tous les cas, quant à leur dévolution successorale, à des acquêts.

C'était, en droit coutumier comme en droit romain, au parent le plus proche que les acquêts étaient attribués. Les propres, au contraire, devaient en principe retourner à la famille de celui qui les avait acquis le premier. Celui qui acquérait un bien était censé l'acquérir pour lui-même et sa descendance. Soit pour les acquêts, soit pour les propres, c'était donc toujours au fond la volonté présumée de celui qui avait acquis ces biens qui servait de base à l'attribution qui en était faite par la coutume, dans la succession du défunt.

De là, cette règle fameuse, *paterna paternis, materna maternis*, c'est-à-dire que les propres venus au défunt du côté de son père devaient être attribués aux parents de la ligne paternelle, et les propres venus du côté de la mère, aux parents maternels. On devait même, à l'origine, remonter jusqu'au premier parent qui, en acquérant le bien, l'avait mis dans la famille, pour l'attribuer exclusivement à la descendance de ce premier possesseur.

La règle *paterna paternis*, *materna maternis*, conservait
ainsi à chaque famille les biens qui venaient d'elle et qu'elle
avait mis dans le patrimoine du défunt. Nous n'avons pas à
rechercher ici les origines de cette règle qui se rattachent
étroitement aux institutions féodales et aristocratiques de
l'ancienne France, mais elle parut si équitable qu'elle passa
dans l'universalité des coutumes avec une portée générale.
Étrangère au droit écrit qui régnait au sud de la Loire, elle
constituait à l'égard des successions la principale différence
entre les deux législations du nord et du midi de la
France [1].

On ne pouvait, en général, dans notre ancien droit coutumier, disposer *par testament*, ou tout autre acte de dernière volonté, que d'un *cinquième* ou *quint des héritages*

---

1. Le principe coutumier de la conservation des biens dans les
familles devait disparaître de nos lois pendant la période révolutionnaire. Pour réaliser les utopies égalitaires du contrat social dont elle
était si profondément imbue, la Convention voulut, en effet, soumettre
non seulement les personnes, mais les fortunes elles-mêmes, à la loi de
l'égalité absolue. A cette fin, par une loi du 17 nivôse an II, elle
supprima la distinction des acquêts et des propres, celle des propres
paternels et des propres maternels, comme base de succession. Elle
voulut qu'à l'avenir la loi ne reconnut plus aucune différence dans
l'origine des biens pour en régler la dévolution successorale.

Ce principe fondamental de la loi de nivôse est celui qu'a adopté
notre Code civil. « La loi, dit l'article 732, ne considère ni la *nature*,
ni *l'origine* des biens pour en régler la succession. » Tous les biens
que laisse un défunt sont ainsi confondus dans une seule et même
masse, sans distinguer d'où ils viennent. Ils sont ensuite attribués à
ceux que la loi appelle à succéder, alors même que cette attribution
aurait pour effet de les faire passer d'une famille dans une autre. Des
parents paternels peuvent, en conséquence, se voir appelés à recueillir des biens exclusivement maternels et réciproquement. Les résul-
tats d'un pareil système ne sont pas sans paraître quelquefois injustes
et blessants pour l'équité.

C'est ce qui arrive notamment lorsqu'un enfant issu d'un premier
mariage meurt en ne laissant dans sa succession que les biens par lui

propres, les autres *quatre quints* devaient nécessairement
retourner aux parents de la ligne d'où ils étaient venus [1].

Les quatre cinquièmes des propres se trouvaient ainsi
réservés et affectés dans la succession d'un défunt aux
parents *du lignage* d'où ces biens étaient venus. Institution
essentiellement coutumière, destinée à assurer la conservation des biens dans les familles, cette réserve protégeait la
famille entière. Elle existait par conséquent au profit de
tous les lignagers, sans distinction, quelque éloigné que fût
d'ailleurs leur degré de parenté avec le défunt. On l'appelait *réserve coutumière*. Elle était, en effet, dans les
propres auxquels le lignager le plus proche du défunt pouvait prétendre comme héritier *ab intestat*, une portion
réservée par la coutume aux héritiers légitimes, et à
laquelle le *de cujus* ne pouvait aucunement porter atteinte
par des actes de dernière volonté.

Mais, il importe de ne pas le perdre de vue, pour assurer
ainsi la conservation des biens dans les familles, la réserve
coutumière se bornait à limiter étroitement la faculté de
disposer de ses biens par acte de dernière volonté, c'est-à-
dire par une de ces libéralités faciles qui ne doivent pro-
duire leur effet qu'après la mort du disposant, et qui sans le
dépouiller lui-même ne dépouillent que ses héritiers. Elle
ne portait aucune atteinte au droit de disposer de ses biens
par actes entre vifs.

II. *Du droit des lignagers sur les propres aliénés entre vifs.*

D'ailleurs, à l'origine, les propres étaient à ce point affec-

---

recueillis de son père ou de sa mère prédécédé. Le père ou la mère
survivant, ainsi que les enfants nés d'un second mariage, que ce dernier a pu contracter, appelés par la loi à titre d'ascendant ou de
frères et sœurs à recueillir la succession du défunt, ne trouveront
dans cette succession que des biens provenant d'une famille étrangère
à la leur.

1. Art. 292 de la Coutume de Paris.

tés à la famille, que le propriétaire d'un immeuble ayant
ce caractère ne pouvait même pas l'aliéner par un acte entre
vifs, sans le consentement et l'intervention dans l'acte de
son héritier présomptif. Des traces de ce droit rigoureux
se retrouvent dans quelques coutumes. « Nul, disait notamment l'article 124 de la coutume de Boulenois, ne peut
donner, vendre, ni autrement aliéner son héritage à luy
venu de ses prédécesseurs, si ce n'est, quant à matière
de don, par le consentement exprès de son héritier
apparent, et quant à vendition ou autre aliénation, par
nécessitée jurée par le vendeur et vérifiée par deux témoins
dignes de foy, ou aussi par le consentement de son dit
héritier.

Ainsi, d'après quelques coutumes qui reflétaient plus
parfaitement le droit ancien et primitif, le propriétaire,
j'allais dire le détenteur d'un propre (ce dernier titre
semble mieux convenir, en effet, à la nature de son droit),
ne pouvait aliéner ce propre à titre gratuit, le donner, par
exemple, qu'avec le consentement exprès de son héritier
apparent. Quant aux aliénations à titre onéreux, ventes et
autres, il ne pouvait les consentir valablement, sans le concours de son dit héritier apparent, qu'en cas de nécessité
jurée par lui, et vérifiée par deux témoins dignes de foi.

Mais on finit par se départir de cette rigueur, et, dans
leur dernier état, nos coutumes reconnaissaient, en général, au propriétaire d'un propre, le pouvoir de l'aliéner par
acte entre vifs, soit à titre onéreux, soit même à titre gratuit, sans le consentement et l'intervention dans l'acte de
l'héritier présomptif.

Dans ce dernier état des coutumes, les familles n'eurent
plus ordinairement d'autre garantie que le *retrait lignager* à l'égard des aliénations entre vifs et à titre onéreux,
qui, en faisant passer un propre entre des mains étrangères,
leur enlevaient l'espérance de le recueillir un jour.

Le *retrait lignager*, c'était, d'une manière générale, la faculté accordée aux parents lignagers du vendeur d'un propre de prendre le marché pour eux et de se substituer à l'acheteur en l'indemnisant de ce que l'acquisition lui avait coûté[1].

Cette faculté n'appartenait qu'à l'héritier présomptif du propre aliéné. Il fallait, pour l'exercer, être éventuellement appelé à recueillir ce propre dans la succession du vendeur. « Qui ne serait habile à succéder, ne peut à retrait aspirer », disait Loisel[2]. De plus, le retrait ne pouvait être exercé que quand l'héritage propre avait été vendu à un étranger. Si cet héritage passait entre les mains d'un lignager, quel que fût d'ailleurs le degré de parenté de ce lignager avec le vendeur, il n'y avait pas lieu à retrait. Dans tous les cas, le retrait devait être en outre « exercé dedans l'an et jour du jour où l'aliénation avait été rendue publique ».

III. *De la règle donner et retenir ne vaut.*

A la différence des aliénations à titre onéreux, les aliénations de propres à titre gratuit n'étaient point soumises au retrait lignager. On jouissait donc, en principe, quant à ces aliénations, c'est-à-dire quant aux donations entre vifs d'immeubles propres, d'une liberté pleine et entière : « Chacun, disait Loisel, peut disposer de son bien à son plaisir, par donation entre vifs, suivant l'opinion de tous nos docteurs français[3]. »

Toutefois, pour protéger les droits héréditaires des familles et leurs légitimes espérances, on chercha à apporter quelques freins à la liberté illimitée des donations entre vifs. Ce frein on pensa le trouver dans la répugnance instinc-

---

1. Art. 129. Coutume de Paris.
2. Institutes coutumières, liv. III, tit. V, règle XVIII.
3. Liv. IV, tit. IV, des Donaisons.

tive, si naturelle au cœur de l'homme propriétaire, et que celui-ci éprouve, à se dépouiller de son vivant, actuellement et irrévocablement. De là la règle *donner et retenir ne vaut* consacrée par les coutumes [1]. De là et par une conséquence nécessaire de cette règle, la nullité des donations entre vifs dans lesquelles le donateur s'était réservé, soit la faculté de disposer librement jusqu'à sa mort des choses par lui données, soit la jouissance et la possession de ces choses. « *C'est donner et retenir*, disait l'article 274 de la Coutume de Paris, *quand le donateur s'est réservé la jouissance de disposer librement de la chose par lui donnée, ou qu'il demeure en possession jusqu'au jour de son décès.* »

IV. *De la légitime.*

A s'en tenir aux règles coutumières que nous venons d'exposer, si on ne pouvait tester, dans notre ancien droit, que de la cinquième partie de ses propres, on pouvait du moins, sans porter atteinte à la réserve qui ne frappait que les libéralités testamentaires, et à condition seulement d'observer la règle « donner et retenir ne vaut », disposer avec une pleine et entière liberté de la totalité de ses propres par des donations entre vifs. De même, comme la réserve coutumière ne s'appliquait qu'aux propres, aucune restriction ne limitait de ce chef la faculté de disposer, soit par testament, soit par donation entre vifs, des biens qui avaient le caractère de meubles.

A ce point de vue, la liberté des dispositions à titre gratuit pourrait paraître plus étendue dans notre ancien droit qu'elle ne l'est aujourd'hui. Car si, d'une part, la quotité de la réserve, telle qu'elle est organisée par notre Code civil,

1. Art. 273. Coutume de Paris.

est moins élevée que celle de la réserve coutumière [1], la réserve du Code civil, d'autre part, à la différence de la réserve coutumière, s'applique également aux meubles, aux acquêts, et aux propres, aux donations entre vifs et aux donations testamentaires.

Mais, la réserve coutumière n'était pas autrefois le seul obstacle aux libres dispositions à titre gratuit. Au moment même où on reconnaissait, contrairement à un droit ancien et rigoureux, au propriétaire d'un propre, le droit d'aliéner ce propre entre vifs, sans le concours et l'intervention de son héritier présomptif, une institution nouvelle, empruntée aux lois romaines, vint prendre place dans nos coutumes, sous l'influence des légistes, à côté de la réserve coutumière ; je veux parler de la *légitime*, qui limitait, elle aussi, comme la réserve, la faculté de disposer à titre gratuit.

La légitime, à la différence de la réserve coutumière, n'avait point pour but de conserver les biens dans les familles. Elle tendait seulement à assurer l'accomplissement des devoirs que la piété nous impose vis-à-vis de certains parents, et pour garantir l'observation de ces devoirs, que les Romains appelaient l'*officium pietatis*, elle annulait les libéralités excessives qui ne les avaient pas respectés.

De cette différence fondamentale en découlaient plusieurs autres, que nous allons indiquer successivement :

1º La réserve appartenait à la famille entière, la légitimité romaine, au contraire, ne protégeait que les plus proches parents, ceux vis-à-vis desquels le *de cujus* s'était trouvé lié d'une manière plus étroite par les devoirs qu'impose la piété, et qui étaient seulement les descendants ou ascendants, les frères et sœurs.

1. La réserve coutumière était des *quatre quints*: Celle du Code civil varie, mais elle n'est jamais *au maximum* que des *trois quarts*.

2° La réserve ne s'appliquait qu'aux biens de famille, à ceux qui avaient la nature de propres. La légitime romaine, au contraire, ne tenait compte, ni de la nature, ni de l'origine des biens. Elle portait aussi bien sur les meubles et sur les acquêts que sur les propres.

3° Enfin, la réserve ne limitait que la faculté de disposer à cause de mort, tandis que la légitime restreignait, au contraire, toute espèce de disposition à titre gratuit, les donations entre vifs elles-mêmes.

La légitime romaine pouvait donc paraître à plusieurs égards une protection plus efficace pour les proches parents que la réserve coutumière. Elle portait, en effet, à la fois sur les propres, les meubles et les acquêts, tandis que la réserve coutumière ne frappait que les propres ; elle réduisait également, s'il y avait lieu, les donations entre vifs et les donations testamentaires, tandis que la réserve ne restreignait jamais que les libéralités à cause de mort, et laissait toujours intactes les libéralités entre vifs.

Ces considérations déterminèrent Dumoulin à formuler le le vœu que le droit coutumier s'appropriât l'institution de la légitime romaine qui était déjà en usage dans les pays de droit écrit. Ce vœu fut écouté, et sur les observations du célèbre jurisconsulte, on introduisit dans la seconde rédaction de la Coutume de Paris, une disposition qui consacrait formellement le droit des enfants à la légitime.

Quant à la quotité de la légitime qui variait en droit romain suivant le nombre des enfants qu'avait laissés le *de cujus* [1], elle fut fixée d'une manière uniforme à la moitié

---

1. Limitée d'abord, d'une manière invariable et fixe, par les lois romaines, au quart de l'hérédité, la légitime fut ensuite élevée par Justinien, au tiers de cette hérédité, lorsque le *de cujus* ne laissait pas plus de quatre enfants, et à la moitié, lorsqu'il en laissait un plus grand nombre.

de la part qu'aurait eue le légitimaire si le *de cujus* n'avait fait aucune libéralité. « La légitime, disait l'article 298 de la Coutume de Paris, est la moitié de telle part et portion que chacun enfant eût eue en la succession des dits père et mère, ayeul ou ayeule, ou autres ascendants, si les dits père et mère ou autres ascendants n'eussent disposé par donation entre vifs, ou dernière volonté. »

Les enfants ne pouvaient d'ailleurs prétendre à la légitime que dans le cas où la réserve coutumière des quatre quints des propres, à laquelle ils avaient droit, n'aurait pas suffi à les remplir de la moitié au moins de leur part héréditaire.

Au surplus, l'article 298 de la Coutume de Paris, ne parlait expressément que de la légitime des enfants. Aussi la jurisprudence des parlements se fixa-t-elle, après quelques hésitations, dans ce sens que, dans les pays coutumiers, la légitime n'était point due aux ascendants. Elle n'était point due non plus aux frères et sœurs. En droit coutumier, il ne fut même jamais question de reconnaître à ces derniers la légitime qui leur était accordée par le droit romain. A leur égard, aucune hésitation ne se produisit dans la jurisprudence.

L'adoption de la légitime romaine, dans les pays coutumiers, eut pour résultat de restreindre encore, dans ces pays, à l'égard de ceux qui avaient des enfants, la liberté de disposer à titre gratuit. Cette liberté fut, en effet, réduite par l'effet de la légitime aux points de vue suivants :

1º La faculté de disposer, sinon à cause de mort, du moins par actes entre vifs, de la totalité de leurs propres, qui appartenait aux ascendants, avant l'introduction de la légitime, fut pour eux limitée par l'effet de cette introduction à la moitié.

2º Les ascendants perdirent également la faculté qui leur

appartenait de disposer à leur gré, soit par actes entre vifs, soit par actes de dernière volonté, de la totalité de leurs meubles et acquêts. Ils n'eurent plus le droit d'en disposer au préjudice de leurs enfants que dans une certaine limite.

V. De l'incompatibilité des qualités d'héritier et de légataire, d'héritier et de donataire.

Quelle que fût, d'ailleurs, l'étendue de la quotité disponible, plusieurs règles, consacrées par notre droit coutumier, s'opposaient encore à ce que le donateur ou le testateur usât avec une entière liberté de cette quotité pour avantager l'un de ses successibles au détriment des autres.

« En succession directe, disait Loisel (livre II., titre IV, règle XII), on ne peut être héritier et légataire, aumônier et parçonnier, mais bien donataire et héritier en ligne collatérale. » Telle était aussi la disposition des articles 300 et 301 de la coutume de Paris.

Ainsi, en ligne directe, il y avait, dans notre ancien droit coutumier, incompatibilité complète des qualités d'héritier et de légataire, d'héritier et de donataire entre vifs, tandis qu'en ligne collatérale, on pouvait très bien, au contraire, être à la fois donataire entre vifs et héritier. La raison qui l'avait fait admettre, c'est que la succession n'est point due aux collatéraux comme elle l'est aux enfants. Entre collatéraux, la nécessité de l'égalité pouvait donc paraître moins absolue qu'entre descendants.

Au reste, dans la pratique, on arrivait quelquefois, au moyen des renonciations à succession, à déroger au principe rigoureux de l'égalité absolue entre enfants, et à éluder l'application de ce principe, tout en observant fidèlement la règle de l'incompatibilité complète, en ligne directe, des qualités d'héritier et de légataire, d'héritier et de donataire entre vifs.

Plusieurs coutumes avaient admis, en effet, que le successible, en renonçant à la succession du *de cujus*, pourrait garder le don ou le legs qu'il avait reçu de celui-ci. Renoncer ainsi à une succession pour s'en tenir à son don ou à son legs, ce n'était point, d'ailleurs, dans l'esprit de ces coutumes, porter atteinte à la mémoire' du *de cujus;* c'était, au contraire, maintenir intacts et sauvegarder, par un moyen légitime et nécessaire, des arrangements de famille que le défunt lui-même avait sanctionnés. Aussi l'article 307 de la coutume de Paris consacrait-il formellement le droit de l'enfant de conserver le don ou legs qu'il avait reçu de son ascendant tout en renonçant à la succession de celui-ci. « Néanmoins, disait cet article, où celuy, auquel on aurait donné se voudrait tenir à son don, faire le peut, en s'abstenant de l'hérédité. »

Mais, nous devons faire remarquer qu'à côté de la coutume de Paris, et de celles qui comme elle permettaient à l'enfant de conserver les avantages considérables qu'il avait reçus de son ascendant en renonçant à la succession de celui-ci, il y en avait d'autres, au contraire, qui imposaient dans tous les cas à l'enfant, même renonçant, l'obligation de rapporter à la succession de son ascendant ce qu'il avait reçu de celui-ci, et qui n'admettaient pas que cet enfant pût garder, même en renonçant, le don ou legs particulier à lui fait. Ces coutumes étaient les coutumes d'égalité parfaite.

Bien plus, l'article 307 de la coutume de Paris, ne fut reçu dans cette coutume que contre l'avis de Dumoulin. Ce jurisconsulte soutenait, en effet, que les enfants devaient toujours rapporter quoiqu'ils renonçassent, parce que les dons faits aux enfants devaient être réputés faits en avancement d'hoirie, et que celui qui avait ainsi reçu en avancement d'hoirie devait, selon lui, être héritier, ou s'il ne voulait pas l'être, rendre ce qu'il avait reçu.

Ainsi, l'article 307 qui dérogeait au principe de l'égalité

entre enfants, et permettait à ceux-ci de garder les avantages particuliers qu'ils avaient reçus de leurs père et mère, en renonçant à leur succession, ne doit être envisagé que comme une disposition tout à fait exceptionnelle et contraire au droit commun des coutumes. Quoi qu'il en soit, il fournissait, dans certains cas à l'enfant avantagé par les dispositions testamentaires ou entre vifs de l'ascendant, le moyen de recevoir de cet ascendant presque autant à lui seul, et même plus, que tous les autres enfants.

On permettait, en effet, à l'enfant renonçant, de retenir les dons et les libéralités qui lui avaient été faits, non seulement jusqu'à concurrence du disponible, mais encore jusqu'à concurrence de sa légitime individuelle. La légitime était généralement considérée comme une quote-part de l'hérédité, et on concluait que pour la réclamer par voie d'action l'enfant devait nécessairement se porter héritier. Mais on admettait aussi que, s'il ne pouvait pas se faire remettre sa légitime par voie d'action, l'enfant renonçant pouvait au moins, lorsqu'il en était déjà nanti comme donataire ou légataire du défunt, la retenir et la garder par voie d'exception. Il suffisait que la réserve coutumière et la légitime eussent été conservées intactes aux autres enfants.

III

DE LA QUOTITÉ DISPONIBLE DES PAYS DE DROIT ÉCRIT

Dans les pays de droit écrit, on observait la légitime romaine. Or, tandis que la coutume de Paris fixait la quotité de la légitime d'une manière invariable et fixe à la moitié de l'hérédité, cette quotité, d'après les règles consacrées par la législation de Justinien et suivies dans le

Midi, n'était que du tiers de l'hérédité, lorsque le *de cujus* ne laissait pas plus de quatre enfants, et elle ne s'élevait jusqu'à la moitié que quand le *de cujus* laissait un plus grand nombre d'enfants. La quotité disponible était donc, en principe, beaucoup plus étendue dans les pays de droit écrit que dans les pays coutumiers. Dans les pays de droit écrit, le père qui n'avait pas plus de quatre enfants pouvait, en effet, disposer librement des deux tiers de son hérédité, tandis que, dans les pays coutumiers, en faisant même abstraction des règles de la réserve, le père n'aurait pu, dans les mêmes circonstances, disposer que de la moitié seulement.

En outre, dans les pays de droit écrit, le père pouvait user avec une entière liberté de sa quotité disponible pour avantager l'un de ses successibles, tandis que cette liberté lui était, au contraire, souvent refusée, comme nous venons de le voir, dans les pays coutumiers.

IV

DE LA LIBERTÉ DE DISPOSER A TITRE GRATUIT DANS LE DROIT INTERMÉDIAIRE ET LE CODE CIVIL.

Le régime successoral de l'ancien droit fut profondément modifié par les lois rendues pendant la période révolutionnaire. Un décret du 8 avril 1791, rendu par l'Assemblée Constituante, proclama le principe général de l'égalité dans les partages de toute espèce de succession. « Tous héritiers en égal degré succéderont par portions égales dans chaque souche, dans le cas où la représentation est admise », disait ce décret.

Mais Cazalès aurait voulu qu'au-dessus du principe de l'égalité, qui venait d'être ainsi consacré, planât le pouvoir supérieur du père de famille, et il proposa d'étendre à tout le royaume la loi romaine sur les testaments. Si son système avait été admis, l'on aurait ainsi pu rétablir par la voie des dispositions testamentaires, au profit de l'aîné, les droits et privilèges qui venaient d'être supprimés. Aussi Mirabeau, qui avait été témoin de l'influence que l'intérêt aristocratique de la conservation des familles et de la splendeur du nom avait exercée sur les successions dans le midi de la France, et qui voulait faire disparaître ces derniers vestiges du régime féodal, soutint-il qu'au lieu de reconnaître au père la même liberté de disposition que les lois romaines, il fallait, au contraire, lui refuser invariablement le droit de faire par testament à l'un de ses fils une part plus grande qu'aux autres.

Entre ces deux opinions extrêmes, Tronchet proposa un système intermédiaire. Il demanda qu'on reconnût au père contre la restriction de Mirabeau le droit de disposer du quart de ses biens, même en faveur de l'un de ses enfants. Mais, au milieu de ces graves controverses, l'Assemblée Constituante ne voulut pas prendre parti, elle ajourna la question testamentaire et laissa aux assemblées qui devaient la suivre le soin de la résoudre.

La Convention, par un décret du 7 mars 1793, décida, en effet, que la faculté de disposer de ses biens, soit à cause de mort, soit entre vifs, soit par donation contractuelle, serait abolie en ligne directe, et qu'en conséquence tous les descendants auraient un droit égal sur le partage des biens de leur ascendant. La loi du 17 nivôse an II alla plus loin encore, en prohibant en outre la faculté de disposer en ligne collatérale. Dans les successions directes ou collatérales fut ainsi établie l'égalité la plus absolue.

Le droit de disposer ou de tester ne fut pas complètement anéanti cependant, mais il fut restreint à celui de faire des dons ou legs à titre singulier. Celui qui avait des enfants ne pouvait tester que du dixième de ses biens, et il fallait que ce ne fût pas en faveur de l'un de ses enfants. Celui qui avait des parents collatéraux pouvait tester du sixième de ses biens, pourvu que ce ne fût pas en faveur de l'un de ses successibles. L'égalité dut ainsi régner désormais avec une rigueur inflexible entre les héritiers, soit directs, soit même collatéraux.

Le premier Consul, à peine arrivé au pouvoir, et sans attendre la rédaction du Code civil, se préoccupa de rétablir, dans une certaine mesure, la liberté de disposer à titre gratuit que les décrets de la Convention avait anéantie. Une loi du 4 germinal an X donna au père la faculté de disposer, en faveur de qui bon lui semblerait, du quart de ses biens, s'il avait moins de quatre enfants, du cinquième s'il en avait quatre, et ainsi de suite, en d'autres termes d'une part d'enfant. La quotité disponible fut de la moitié en présence des ascendants, des frères et sœurs, ou des descendants de ces derniers, mais, alors même qu'il n'existait que des parents plus éloignés, il y avait toujours une quotité indisponible affectée aux parents jusqu'au degré d'enfants issus de germains.

L'esprit qui anime la loi du 4 germinal an VIII est un esprit de transaction entre le droit ancien et le droit intermédiaire. Les rédacteurs du Code civil ont obéi aux mêmes tendances, ils se sont engagés dans la même voie que la loi de germinal. Tout en augmentant la quotité disponible, telle qu'elle avait été fixée par les lois de la période révolutionnaire, ils ne voulurent pas cependant que cette quotité égalât celle de l'ancien droit.

Si nous nous plaçons, en effet, dans l'hypothèse où le *de cujus* a des enfants, nous verrons qu'aujourd'hui, sous l'empire du Code civil, la quotité disponible n'est plus que du tiers du patrimoine, lorsqu'il y a deux enfants. Bien plus elle n'est que du quart, s'il y a un plus grand nombre, d'enfants. Or, autrefois, dans nos coutumes, la quotité que la légitime laissait disponible, était, en général, de la moitié, et, dans les pays de droit écrit, elle pouvait même, dans certaines circonstances, s'élever jusqu'aux deux tiers du patrimoine. C'est seulement dans le cas où il n'y a qu'un enfant que la quotité disponible du Code civil s'élève jusqu'à la moitié. Mais, dans ce calcul comparatif, il ne faut pas l'oublier, nous faisons abstraction des restrictions que la réserve coutumière apportait au droit de disposer des propres par testament. Or, ce droit n'était autrefois, nous le savons, dans tous les cas, que du quint ou de la cinquième partie des propres, tandis que la quotité disponible du Code civil est aujourd'hui, suivant les circonstances, du quart, du tiers, de la moitié, ou même de la totalité des biens.

V

DU POUVOIR D'EXHÉRÉDATION DANS L'ANCIEN DROIT

I. De l'exhérédation proprement dite.

A la liberté des dispositions à titre gratuit se rattache le pouvoir d'exhérédation que le droit romain et l'ancien droit reconnaissaient au testateur, et qui, aboli par les lois révolutionnaires, n'a point été rétabli par le Code civil.

On appelle *exhérédation* l'acte par lequel une personne exclut de sa succession, pour quelque juste cause, soit l'un de ses enfants, soit un autre parent. Le droit romain reconnaissait au testateur le droit d'exhéréder, pour de justes causes, ceux qui pouvaient prétendre à sa succession. Notre ancien droit admit également l'exhérédation. Il suivait d'ailleurs les lois romaines quant à la détermination des causes qui pouvaient motiver cette mesure rigoureuse.

Donnons ici une idée générale de ces causes telles qu'elles avaient été énumérées par une Novelle de l'empereur Justinien.

Il y avait, d'après cette Novelle, juste cause d'exhérédation, lorsqu'un enfant avait frappé son père ou sa mère, lorsqu'il avait eu commerce avec des scélérats et vécu comme eux, lorsqu'il avait embrassé une profession infâme qui n'était pas celle de ses parents, ou avait fait profession de quelque hérésie.

C'était encore, d'après la Novelle, une juste cause d'exhérédation, si un enfant avait suscité à son père ou à sa mère des procès, et leur avait par ce moyen causé quelque dommage considérable. Mais, comme l'observaient avec raison nos anciens jurisconsultes, des procès intentés à cause des droits que les enfants auraient eu à exercer contre leurs parents ne pouvaient pas être considérés comme de justes causes d'exhérédation. Car, disaient ces jurisconsultes, si les enfants doivent du respect à leurs parents, ceux-ci doivent se faire justice et rendre à leurs enfants ce qui leur appartient; lors donc qu'ils ne le font pas, il est juste que les enfants aient recours à l'autorité des tribunaux.

La Novelle considérait aussi comme une cause légitime d'exhérédation le refus fait par un enfant de tirer ses parents de prison, lorsqu'il en avait d'ailleurs la faculté et le pouvoir. Mais nos anciens jurisconsultes remarquaient également que, d'après les termes mêmes de la Novelle, pour qu'il y eût juste motif d'exhérédation, il fallait que les enfants se fussent refusés aux sollicitations de leurs parents. A défaut de ces sollicitations, si les pères ou les mères n'avaient pas demandé de secours, leurs enfants pouvaient, en effet, ignorer qu'ils en eussent besoin.

Aux justes causes d'exhérédation énumérées par la Novelle de Justinien, les ordonnances de nos rois, pour des motifs dans l'exposition desquels nous ne saurions entrer ici, en ajoutèrent une nouvelle, qui se rencontrait lorsqu'un enfant mineur s'était marié sans le consentement de ses parents. Les majeurs, c'est-à-dire ceux qui avaient plus de trente ans pour les hommes, et plus de vingt-cinq ans pour les femmes, pouvaient, au contraire, se marier, en dehors du consentement de leurs parents sans encourir cette peine. Et la raison, disaient encore nos anciens juris-consultes, « c'est qu'à cet âge les enfants ont acquis la maturité du jugement, et qu'ils doivent avoir la liberté de choisir selon leur goût la personne avec laquelle ils veulent unir leur destinée, sans qu'il soit au pouvoir de parents souvent bizarres ou chagrins de les en empêcher. »
Ils faisaient, au surplus, remarquer que l'application des dispositions relatives aux justes causes d'exhérédation dépendait de la prudence du juge, car s'il est, ajoutaient-ils, de la sagesse du législateur d'effrayer par des menaces, il est de celle du juge d'y apporter les modifications que la nature et les caractères du délit exigent[1].

L'exhérédation n'était d'ailleurs valable dans tous les cas que si la cause en avait été indiquée, et c'était à celui qui en soutenait la légitimité à prouver que la cause énoncée était juste et bien fondée. L'exhérédé n'avait pas à établir son innocence, celle-ci devait toujours être présumée. L'exhérédation était en outre considérée comme une peine, elle avait quelque chose d'odieux et on admettait qu'elle pouvait être révoquée par toutes sortes d'actes, même tacitement, et par une simple réconciliation.

---

1. Répertoire de jurisprudence civile et canonique V° Exhéréda-tion.

II. *De l'exhérédation officieuse.*

A côté de l'exhérédation proprement dite, il y avait aussi dans l'ancien droit une autre exhérédation appelée *officieuse*. *L'exhérédation officieuse* différait surtout de la première, en ce qu'elle était moins une peine qu'une sage précaution de la prévoyance paternelle. Par elle, au lieu de laisser sa fortune en pleine propriété à un fils prodigue, un père ne laissait à ce fils qu'un droit d'usufruit, et il transmettait la nue propriété de ses biens à ses petits-enfants.

Les premières origines de l'exhérédation officieuse se trouvent dans les lois romaines. Notre ancienne jurisprudence fit d'abord quelques difficultés de l'admettre à l'exemple de ces lois. Mais ensuite, dans son dernier état, elle avait fini par reconnaître aux père et mère le droit de priver leurs enfants pour cause de prodigalité et de mauvaise conduite, de la nue propriété de leur légitime, et de les réduire à l'usufruit seulement de cette légitime à titre d'aliments.

Au reste, si on avait eu quelque peine à admettre l'exhérédation officieuse à l'effet de priver le successible de la libre disposition de sa légitime, on se montra toujours plus disposé à admettre cette institution à l'effet d'exclure un successible de la réserve coutumière. L'exhérédation officieuse paraissait, en effet, plus conforme à l'esprit de cette réserve qui tendait essentiellement à conserver les biens dans les familles.

III. *Abolition du pouvoir d'exhérédation.*

L'exhérédation officieuse et l'exhérédation proprement dite furent toutes deux comprises dans les vastes suppressions de la Convention. Cette assemblée, pour assurer l'observation de l'ordre successoral nouveau qu'elle établissait, proscrivit, en effet, d'une manière absolue, dans la loi de nivôse an II, toute espèce de disposition testamentaire ou contractuelle qui aurait pu modifier cet ordre, ou y porter atteinte.

Or, l'exhérédation était l'une de ces dispositions. Si, dans leur juste retour vers le passé, les rédacteurs du Code civil n'avaient pas négligé de rétablir, au profit du père de famille, l'antique pouvoir d'exhérédation dans les limites où il pouvait autrefois légitimement s'exercer, la liberté de tester compterait sans doute aujourd'hui moins de partisans, et généralement on ne songerait pas plus à protester, au nom de nos anciennes traditions, contre le régime successoral qui est celui de notre Code, qu'on ne protestait, dans l'ancien droit, contre les dispositions, que nos coutumes, pour les pays du nord, et le droit romain, pour les pays du midi ou de droit écrit, avaient consacrées.

MACON, PROTAT FRÈRES, IMPRIMEURS

La loi est l'application d'une doctrine et c'est en s'élevant jusqu'aux sommets d'où elle est descendue, jusqu'aux idées maîtresses qui l'ont dictée, qu'on arrive plus facilement à la saisir dans son ensemble et l'harmonie de ses détails. Telle est la pensée dont on s'est inspiré dans cet ouvrage en s'efforçant de ramener les dispositions nombreuses du droit français à leurs premiers principes, à ces règles fondamentales qui dominent et éclairent chaque matière, et dont il est aisé de suivre ensuite les déductions logiques et les ramifications variées à travers les textes législatifs. Présenter ainsi un commentaire anticipé de ces textes, c'était d'ailleurs se ménager la faculté de ne prendre ensuite parmi eux, pour les résumer, que ceux qui paraîtraient offrir un plus grand intérêt.

Mais il n'importe pas moins, pour l'intelligence philosophique de la loi, d'en connaître les origines. Aussi l'auteur s'est-il également attaché, et ce n'est pas ce qui dans son travail sollicitera le moins l'attention, à marquer préalablement, dans un exposé historique, autant que les limites qui lui étaient imposées le lui permettaient, et qu'il l'a cru nécessaire ou utile, les influences diverses qui ont présidé à la génération et au développement des institutions dont il avait à traiter. En ce qui concerne notamment le Code civil, et pour mieux en faire apprécier la valeur, il a pris soin de démêler attentivement les éléments différents que ce composé si complexe a empruntés aux lois révolutionnaires, à nos anciennes coutumes, et aux lois romaines, ces lois vénérables qui n'ont survécu à tant de ruines, que parce qu'elles sont, dans l'ordre du droit privé, suivant la pensée de Bossuet, la plus belle application qu'ait jamais reçue l'équité naturelle.

Une méthode rigoureuse, le souci constant de ne pas se séparer du lecteur, et de le conduire de déduction en déduction, de la vérité connue à celle qui en est la conséquence nécessaire, lui ont permis de renfermer avec concision et clarté, dans ces quatre volumes, et de mettre ainsi à la portée de tous les esprits cultivés, fussent-ils même étrangers à la science juridique, ce que cette science présente de plus intéressant et de plus élevé, de plus utile même au point de vue de ses applications pratiques.

Vulgariser la noble science du droit, initier à ses secrets, faire pénétrer le lecteur dans son intimité pour lui en faire admirer ensuite, en le plaçant au centre même de ses dispositions, la belle et majestueuse ordonnance, montrer à tous à travers les règles du droit positif, en remontant jusqu'aux principes d'où elles émanent, les rapports de ces règles et leurs points de contact avec le droit naturel, mettre enfin en pleine évidence, dans des prescriptions qui paraissent trop souvent arbitraires et n'avoir d'autre fondement que la volonté formelle du législateur, cette raison qui est la même chez tous les hommes, qui leur parle à tous le même langage, qui vient de Dieu et nous unit à lui, tel est l'objet de cette publication qui embrasse l'ensemble du droit français, public et privé, à la réserve du droit politique ou constitutionnel. Puisse-t-elle, en rendant ainsi manifestes et sensibles à tous les liens qui rattachent les lois humaines à la divine justice, contribuer efficacement à restaurer et à propager la véritable notion du droit, à affermir son culte dans les âmes et à asseoir son règne ici-bas !